CHAMBRE DE COMMERCE DE NANCY

LOI DU 7 AVRIL 1879

SUR

L'EMPLOI DE LA POSTE

POUR LES

ENCAISSEMENTS DES EFFETS DE COMMERCE

DISCUSSION & RAPPORT

CHAMBRE DE COMMERCE DE NANCY

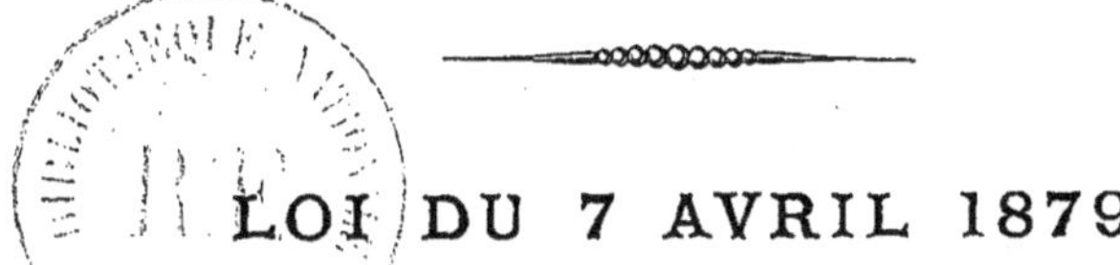

LOI DU 7 AVRIL 1879

SUR

L'EMPLOI DE LA POSTE

POUR LES

ENCAISSEMENTS DES EFFETS DE COMMERCE

DISCUSSION & RAPPORT

NANCY

IMPRIMERIE E. RÉAU, RUE SAINT-DIZIER, 51

—

1879

CHAMBRE DE COMMERCE DE NANCY

M. le Président passe à l'examen critique de la loi du 7 avril dernier sur l'emploi de la poste pour le recouvrement des effets de commerce.

Il exprime tout d'abord le regret que les chambres de commerce n'aient pas été consultées par le gouvernement sur une question qui intéresse si vivement les relations commerciales.

Le gouvernement, en proposant la loi, le parlement, en l'adoptant, ont cru bien faire. Certainement ce mode de recouvrement peut être très-efficace, mais à condition qu'il soit appliqué sérieusement et que celui qui veut s'en servir ne soit pas astreint à supporter des charges hors de proportion avec le service rendu.

En Belgique et en Allemagne, les tarifs sont très réduits et l'administration des postes de ces pays se charge, moyennant une très-faible redevance, de remplir toutes les formalités que comportent l'encaissement et la présentation des valeurs qui lui sont confiées.

La loi française, au contraire, a établi un tarif tout à fait inadmissible, et beaucoup plus élevé que ceux appliqués auparavant par les maisons de banque. Ainsi ces maisons confiaient habituellement les recouvrements à opérer dans les petites communes aux facteurs ruraux auxquels elles faisaient une remise de 0 fr. 30 c. par 100 francs en moyenne.

La poste interdit aujourd'hui à ses agents de se charger d'effets à recouvrer, voulant conserver pour elle et à son profit le monopole de l'encaissement. Mais elle demande pour un effet de 100 francs, s'il est payé par le tiré ou le souscripteur, les sommes suivantes :

0^f 25 pour port d'envoi,
0 25 pour remise au facteur,
0 25 pour remise au receveur,
1 » droit de 1 p. 0/0 sur le retour des fonds.

Au total : 1^f 75, soit un peu plus de six fois ce que coûtaient auparavant les frais d'encaissement.

De plus, l'administration ne se charge pas de faire protester (art. 6 de la loi). Comment, dès lors, pouvoir protester à bonne date avec l'application d'une semblable mesure ? Sauf pour les valeurs sans frais l'emploi de la poste devient donc impraticable. Aussi les banquiers viennent-ils de déclarer qu'ils n'entendaient plus être responsables des défauts de protêt et de présentation.

Enfin la poste exige le dépôt des valeurs cinq jours avant l'échéance, et n'en reçoit pas d'une somme s'élevant au delà de 500 francs, ce qui rendra difficile, sinon impossible, le recouvrement des effets tirés à courte échéance et supérieurs à 500 francs.

Il s'agit donc d'appeler immédiatement l'attention du gouvernement sur les conséquences que ce faisceau d'obstacles ne manquerait de produire. Il est absolument certain qu'avec le maintien des conditions qui viennent d'être énumérées, la poste ne sera jamais employée d'une manière sérieuse par le commerce pour la présentation de ses valeurs. Mieux valait ne rien changer à l'ancien état de choses.

La Chambre, à l'unanimité, reconnaît la justesse des observations de son Président. En conséquence, elle décide qu'une commission de trois membres sera chargée de rédiger une protestation dans le sens de ses observations et d'étudier les mesures à proposer.

MM. Nathan-Picard, Margo et Lhuillier sont désignés pour faire partie de cette commission.

Séance du 25 Juillet 1879

M. Margo, rapporteur de la commission nommée à l'effet d'examiner la loi du 7 avril 1879 sur l'emploi de la poste pour les encaissements des effets de commerce, a la parole :

Messieurs,

L'attention du gouvernement a été attirée par les progrès des administrations postales des pays voisins en matière de recouvrements de valeurs. Après les avoir fait étudier, il a élaboré le projet adopté rapidement par les Chambres, qui est devenu la loi du 7 avril dernier. Son examen forme l'objet du rapport que nous avons l'honneur de vous présenter.

Vous avez éprouvé une légitime surprise d'avoir vu trancher, sans l'avis des chambres de commerce, une question touchant aux plus graves intérêts. En protestant contre cet oubli regrettable, vous en éviterez le retour et dégagerez votre responsabilité envers vos commettants. Ceux-ci ne comprendraient pas, qu'à la rédaction d'une loi concernant, comme le dit son article 1er, les quittances, factures, billets, traites et généralement toutes les valeurs commerciales et autres, l'expérience des chambres de commerce n'eût pas suggéré des modifications capitales sans lesquelles cette loi, loin d'être la réalisation d'un progrès, sera préjudiciable aux intérêts qu'elle a voulu favoriser.

Si nous anticipons sur nos conclusions en nous exprimant ainsi, c'est que nous avons subi la loi avant de l'analyser et croyons être l'interprète du sentiment général de nos concitoyens.

L'ensemble de la loi laisse supposer que l'administration, pleine de bonne volonté, mais doutant de ses forces, a voulu écarter l'affluence par l'application de prix trop élevés, par les services réduits, et par une responsabilité limitée. Les articles 4, 5 et 6 en font foi. Les deux premiers stipulent la rémunération due sous diverses formes à l'administration des postes. Vous en connaissez les dispositions, cependant nous sommes obligé de vous les rappeler, parce que nous voulons, pour mieux faire ressortir l'exagération de la rétribution demandée, la comparer avec un tarif pris au hasard parmi ceux des banquiers de notre ville.

Par la poste, l'encaissement d'un effet

De 20 francs coûtera		0f 55c
40 —	—	0 85
60 —	—	1 15
80 —	—	1 45
100 —	—	1 75
200 —	—	2 75
300 —	—	3 75
400 —	—	4 75
500 —	—	5 75

L'adoption de cette taxe n'est pas une amélioration. Elle le serait peut-être si aucun autre mode de recouvrement n'existait, ou si le commerce n'employait pour cette opération, comme il le faisait primitivement, que ses propres voyageurs ou les commissionnaires venant approvisionner les marchés. Mais depuis longtemps, grâce à la modération croissante des tarifs des banquiers, ceux-ci sont devenus les seuls intermédiaires. Le tarif que nous vous soumettons ne diffère en rien des autres; pour 653 villes, villages, hameaux et écarts du département de Meurthe-et-Moselle, il offre une moyenne de 0f,487 par 100 francs. Mais ce chiffre n'est pas l'expression de la vérité, parce que les effets à encaisser dans les localités où le change est cher, sont bien moins nombreux que dans celles où il est à bon marché. Aussi les maisons de banque ne font aucune difficulté de se charger de l'encaissement de toutes les valeurs de leurs clients, non-seulement dans notre département, mais encore dans les cinq ou six départements voisins formant le rayon de notre commerce régional, au taux de 30, 25, 20 centimes par 100 francs.

La comparaison de ces conditions avec celles imposées par l'administration prouve qu'aucun commerçant n'a pu songer à user des facilités que la nouvelle loi est censée lui offrir; néanmoins on l'aurait accueillie avec faveur, la considérant comme un témoignage des intentions futures de M. le Ministre des postes et des télégraphes, si son application n'était venue bouleverser le mécanisme du recouvrement par les banquiers. Depuis longtemps ces derniers se servaient des facteurs ruraux; ils avaient trouvé en eux des agents honnêtes, obligés par leurs fonctions à une régularité parfaite, et acceptant volontiers une rétribution supplémentaire, que leurs maigres appointements rendaient presque indispensable. L'administration devenant encaisseur à son tour, s'est réservée naturellement les services exclusifs de ses employés, en sorte que les banquiers sont obligés, s'ils ne veulent pas faire supporter par leurs clients les conditions de la poste, de monter un service latéral, faisant double emploi, beaucoup plus coûteux que l'ancien, la prime d'encaissement n'étant plus l'accessoire mais le principal du salaire. En attendant cette nouvelle organisation, des maisons de banque ont dénoncé leurs anciens tarifs ; elles se sont dégagées envers leurs correspondants, qui restent dans l'incertitude la plus complète sur les frais dont seront grevés leurs bordereaux. Nous ne pensons pas que les nouveaux tarifs des maisons de banque approcheront de ceux de la poste, mais ils dépasseront les anciens, et si on considère que la surélévation de la moyenne portera sur l'ensemble du chiffre d'affaires, provenant en grande partie des communes rurales, on ne sera pas éloigné de comparer comme importance la charge imposée de ce fait à notre commerce, aux impôts dont des dégrèvements successifs viennent de l'affranchir.

Nous avons espéré trouver dans l'article 11 un correctif et une promesse d'allègements, mais il se rapporte seulement au premier alinéa de l'article 5, et ce ne sera pas en diminuant de quelques centimes les rétributions du facteur et du receveur, qu'on parviendra à ramener les prélèvements à un taux raisonnable. Le commerce a le sentiment de la valeur des choses. Il ne se plaindra pas de payer 25 centimes la lettre recommandée, pouvant contenir plusieurs effets et dont l'enveloppe est fournie ; il accorde volontiers au facteur les 25 centimes péniblement gagnés et ne trouve pas exagéré, quant à présent, de rémunérer d'autant la responsabilité du receveur. Ce qu'il juge exorbitant, écrasant, c'est le droit proportionnel du mandat de poste au moyen duquel il rentre dans ses fonds. Le législateur a dû en avoir le pressentiment. Dans le dernier alinéa de ce même article 5, il autorise l'ouverture de comptes courants au nom du déposant, malheureusement le droit proportionnel y figurera encore au débit. On se demande en vain quel avantage en résultera pour le déposant de laisser des fonds en compte courant à la poste, qui ne sert aucun intérêt ; la réponse serait facile, si le créancier, en retirant son argent, payait pour tout droit, comme chez les banquiers, un simple déboursé de caisse.

La poste, en prenant par l'extension de son activité un des caractères de la banque, gagnerait à lui emprunter ses usages, notamment ses modiques tarifs. Qu'elle ne se laisse pas retenir par la crainte, parfois exprimée, de faire concurrence aux banquiers. Ces derniers ne la redoutent nullement pour les places offrant quelque activité ; pour desservir les petites localités, ils désirent eux aussi une réduction de taxes, leur permettant de devenir ses meilleurs clients.

Messieurs, avant de quitter l'article 5, nous vous rappelons la circulaire collective des maisons de banque de notre ville et celle de l'Union des banquiers de Paris et de province. Cette dernière, par ses nombreuses signatures de toutes les parties de la France, témoigne de l'étendue du mal. Toutes deux annoncent en termes presque identiques, que, par suite de la mise en exécution de la loi du 7 avril, les conditions ne seront pas changées quant à présent, mais réservent le remboursement des frais qui pourraient être réclamés. C'est la justification de nos craintes et le premier dommage infligé par la nouvelle loi au commerce.

Ces circulaires déclinent aussi l'accomplissement en temps utile des formalités de protêt, en ce qui concerne les effets payables dans les communes rurales, conséquence forcée de l'article 6, que nous allons examiner.

L'article 162 du Code de commerce exige, en cas de non-paiement, le protêt dans les 24 heures. Vous connaissez son importance, il est une des bases de la législation sur les lettres de change. Sa non-observation entraîne les conséquences les plus graves pour le porteur négligent. Les articles 168 et 170 en consacrent la nécessité. Par sa rigidité, il a grandement contribué à donner aux paiements cette exactitude, dont le commerce français est si fier; il stimule les débiteurs et indique le moment précis des poursuites.

Le protêt est un devoir impérieux contracté par le porteur d'une lettre de change, et il semblerait alors qu'une loi nouvelle dût en faciliter l'accomplissement. Le législateur n'en a pas jugé ainsi. L'article 6 dispense l'administration de toute cette responsabilité; elle refuse et empêche les autres d'exécuter les prescriptions de l'article 162. Deux lignes annulent pour les deux tiers de la France un des articles les plus importants du Code de commerce.

On nous taxera peut-être d'exagération, lorsque nous accusons la poste de faire obstacle à l'accomplissement de la formalité du protêt. Cependant il est évident que dans les communes rurales, où la rareté des affaires n'aura pas permis aux banquiers d'établir un service de recouvrements, il faudra un exprès pour présenter l'effet avant de le remettre à l'huissier, s'il y a lieu. Cela entraînera à des frais exorbitants devant lesquels on reculera.

Pour le tireur d'une lettre de change l'inconvénient sera grave. Mais examinons la situation d'un endosseur ayant reçu, avant ou depuis la loi du 7 avril, une traite protestable. Il ne la confiera pas à la poste, la poste ne se chargeant pas du protêt; les banquiers n'en voudront pas à cause de l'élasticité du mot « commune rurale », employé dans leur circulaire. Devant les articles 168 et 170 l'abstention sera employée parce qu'elle est toujours pratiquée en cas d'incertitude. Dès lors, ils refuseront à leur tour les traites protestables. Quand tout le monde les refusera, personne n'en fera plus et pour les communes rurales l'article 162 n'aura plus de raison d'être.

On se consolerait aisément de la diminution des protêts, si on ne savait que toute facilité ôtée au créancier pour la rentrée de ses fonds, l'oblige à plus de circonspection dans ses placements et à resserrer ses crédits. Les débiteurs douteux procurent un appoint considérable au chiffre d'affaires des commerçants ; au besoin leurs grands-livres le prouveraient. Si une modification d'usages les oblige à supprimer toute relation avec cette catégorie de clients, chacun d'eux subira un dommage notable qui, en se multipliant sur tout le territoire, causera un préjudice important et amoindrira l'ensemble des transactions.

Messieurs, nous croyons avoir démontré :

Que le tarif de la poste est exagéré ;

Que ceux des banquiers, infiniment plus favorables, renchériront par la mise en exécution de la loi du 7 avril ;

Que l'administration, refusant de se charger des protêts, entrave l'exécution de la loi et exerce une fâcheuse influence sur les affaires.

Si nous avions réussi à vous faire partager notre conviction, nous devrions vous prier de demander l'abrogation de la loi et nous n'hésiterions pas à la proposer ; mais nous sommes persuadé, qu'en remaniant le tarif et en changeant l'article 6, elle serait une amélioration de l'ancien état de choses, un élément de prospérité pour le pays.

Avant de conclure, permettez-nous une rapide revue des usages postaux des pays voisins.

En Belgique le droit d'encaissement est de 20 centimes par sommes indivisibles de 100 francs jusque 1,000 francs ; au delà on ajoute par 100 francs seulement 10 centimes. On dépose l'effet acquitté au guichet, le droit est payé par l'application de timbres au dos. L'administration en fait porter le montant au compte des déposants à la banque, on les rembourse au moyen d'accréditifs ne coûtant aucuns frais. Elle encaisse avec ou sans protêt, et proteste au besoin elle-même.

En Allemagne, on enferme la valeur à encaisser dans une enveloppe affranchie de 30 pfennings, moyennant laquelle la valeur est encaissée. Chaque enveloppe peut contenir 750 fr. Le retour des fonds s'opère par mandats, coûtant le même prix que les envois d'argent. Nous abuserions de votre patience en cherchant à vous expliquer le règlement. En résumé, les recouvrements reviennent pour 125 francs à 62 centimes 1/2 ; pour 250 fr., à 75 centimes ; pour 250 à 500 fr., à 87 centimes 1/2.

L'administration des postes allemandes se charge des protêts. Elle rend encore beaucoup d'autres services financiers enviables, notamment pour les envois d'argent ; mais cette question ne rentre pas dans celles soumises à notre examen.

Nous devons reconnaître en appréciant ces tarifs si réduits, que dans ces deux pays la poste est considérée comme services publics, tandis qu'en France elle contribue largement à l'établissement du budget des recettes ; mais nous croyons fermement qu'en laissant subsister la lettre recommandée, les prélèvements pour le facteur et pour le receveur, et en transformant le droit proportionnel de 1 0/0 en une commission de 5 centimes pour les valeurs au-dessous de 40 francs et de 10 centimes pour celles au-dessus de cette somme jusque 100, s'augmentant ensuite de 10 centimes par fractions indivisibles de 100 francs, nous lui ferons encore la part très-large. Le rendement serait bien supérieur à celui qu'elle peut atteindre avec les petites broches en nombre infime, qu'on lui confie maintenant. Comme en toutes choses le bas prix relatif augmenterait le rapport dans une proportion très-grande, voici la taxe résultant de notre proposition :

Pour francs : 20 40 60 80 100 200 300 400 500
centimes : 40 50 65 75 85 95 105 115 125

Le délai de 24 heures accordé pour les protêts étant trop court lorsqu'il s'agit des petites localités, les banquiers faisaient à ce sujet leurs réserves, mais ils le garantissaient pour tous les chefs-lieux de canton, parce que des huissiers y résident. Nous n'en demandons pas davantage à la poste, en attendant qu'un changement de législation stipule un laps de temps suffisant pour rendre le protêt à bonne date possible partout.

Nous pourrions encore demander d'augmenter la quotité des valeurs à recouvrer et présenter des observations au sujet de la non-responsabilité de l'administration en cas de retard, mais cela nous paraît secondaire, tant que nous n'aurons pas obtenu satisfaction pour les deux points indiqués ci-dessus.

Messieurs, nous pensons avoir réduit nos demandes au minimum et espérons que M. le Ministre des postes et des télégraphes nous les accordera. Mais s'il entrevoyait des difficultés en adoptant les réformes que nous réclamons, nous le prierions de demander aux Chambres l'abrogation de la loi. Alors le commerce, plein de reconnaissance pour cette décision, attendrait avec patience que, le budget ayant permis d'appliquer aux postes une plus grande part de leurs bénéfices, M. le Ministre pût remettre cette loi en vigueur à condition qu'elle fût préalablement corrigée dans ses parties défectueuses et que l'Administration possédât un personnel suffisant.

En conséquence, Messieurs, nous avons l'honneur de vous prier de voter et de faire parvenir à M. le Ministre les vœux suivants :

1° Remplacer le droit proportionnel de l'article 5 par un

droit de 5 centimes au-dessous de 40 francs ; de 10 c. de 40 francs à 100 francs, et ensuite de 10 centimes par fractions indivisibles de 100 francs ;

2° Protêt garanti par la poste pour toutes les traites exigibles dans les chefs-lieux de département, d'arrondissement et de canton, et au mieux pour les autres localités ;

3° Faire savoir à M. le Ministre que si ces réformes ne sont pas possibles la Chambre préférerait l'abrogation de la loi.

A l'unanimité, la Chambre adopte les conclusions du rapport de la commission, et décide que le rapport lui-même sera adressé au gouvernement.

Pour copie conforme :

Le Président,

XARDEL.